Reny Lima
Silêncio da alma

Ibis Libris
Rio de Janeiro
2018

Silêncio da alma Silêncio da alma

Silêncio da alma Silêncio da alma Silêncio da alma Silêncio da alma Sil
ma Silêncio da alma Silêncio da alma Silêncio da alma Silêncio da alma S
da alma Silêncio da alma Silêncio da alma Silêncio da alma Silêncio da
Silêncio da alma Silêncio da alma Silêncio da alma Silêncio da alma Sil
io da alma Silêncio da alma Silêncio da alma Silêncio da alma Silêncio
da alma Silêncio da alma Silêncio da alma Silêncio da alma Silêncio da
Silêncio da alma Silêncio da alma Silêncio da alma Silêncio da alma Sil
ma Silêncio da alma Silêncio da alma Silêncio da alma Silêncio da alma S
da alma Silêncio da alma Silêncio da alma Silêncio da alma Silêncio da
Silêncio da alma Silêncio da alma Silêncio da alma Silêncio da alma Sil
io da alma Silêncio da alma Silêncio da alma Silêncio da alma Silêncio
da alma Silêncio da alma Silêncio da alma Silêncio da alma Silêncio da
Silêncio da alma Silêncio da alma Silêncio da alma Silêncio da alma Sil
ma Silêncio da alma Silêncio da alma Silêncio da alma Silêncio da alma S
da alma Silêncio da alma Silêncio da alma Silêncio da alma Silêncio da
Silêncio da alma Silêncio da alma Silêncio da alma Silêncio da alma Sil
cio da alma Silêncio da alma Silêncio da alma Silêncio da alma Silêncio
o da alma Silêncio da alma Silêncio da alma Silêncio da alma Silêncio da
Silêncio da alma Silêncio da alma Silêncio da alma Silêncio da alma Sil
ma Silêncio da alma Silêncio da alma Silêncio da alma Silêncio da alma S
da alma Silêncio da alma Silêncio da alma Silêncio da alma Silêncio da
Silêncio da alma Silêncio da alma Silêncio da alma Silêncio da alma Sil
cio da alma Silêncio da alma Silêncio da alma Silêncio da alma Silêncio
o da alma Silêncio da alma Silêncio da alma Silêncio da alma Silêncio da
Silêncio da alma Silêncio da alma Silêncio da alma Silêncio da alma Sil
ma Silêncio da alma Silêncio da alma Silêncio da alma Silêncio da alma S
da alma Silêncio da alma Silêncio da alma Silêncio da alma Silêncio da
Silêncio da alma Silêncio da alma Silêncio da alma Silêncio da alma Sil
cio da alma Silêncio da alma Silêncio da alma Silêncio da alma Silêncio
o da alma Silêncio da alma Silêncio da alma Silêncio da alma Silêncio da
Silêncio da alma Silêncio da alma Silêncio da alma Silêncio da alma Sil
ma Silêncio da alma Silêncio da alma Silêncio da alma Silêncio da alma S
o da alma Silêncio da alma Silêncio da alma Silêncio da alma Silêncio da
Silêncio da alma Silêncio da alma Silêncio da alma Silêncio da alma Sil
da alma Silêncio da alma Silêncio da alma Silêncio da alma Silêncio da
io da alma Silêncio da alma Silêncio da alma Silêncio da alma Silêncio d
lêncio da alma Silêncio da alma Silêncio da alma Silêncio da alma Silênc
Silêncio da alma Silêncio da alma Silêncio da alma Silêncio da alma Sil
a alma Silêncio da alma Silêncio da alma Silêncio da alma Silêncio da al
lêncio da alma Silêncio da alma Silêncio da alma Silêncio da alma Silênc
da alma Silêncio da alma Silêncio da alma Silêncio da alma Silêncio da
io da alma Silêncio da alma Silêncio da alma Silêncio da alma Silêncio da
lêncio da alma Silêncio da alma Silêncio da alma Silêncio da alma Silênc
Silêncio da alma Silêncio da alma Silêncio da alma Silêncio da alma Sil
a alma Silêncio da alma Silêncio da alma Silêncio da alma Silêncio da al
lêncio da alma Silêncio da alma Silêncio da alma Silêncio da alma Silênc
da alma Silêncio da alma Silêncio da alma Silêncio da alma Silêncio da
o da alma Silêncio da alma Silêncio da alma Silêncio da alma Silêncio da
lêncio da alma Silêncio da alma Silêncio da alma Silêncio da alma Silênc
Silêncio da alma Silêncio da alma Silêncio da alma Silêncio da alma Sil

Copyright © 2018 Reny Lima Untone

Editora: Thereza Christina Rocque da Motta
Design de capa e miolo: Bruno Pimentel
Revisão: Eliana Moura Carvalho Mattos
Foto da capa: Fabio Giorgi

1ª edição em junho de 2018.

Dados Internacionais de Catalogação na Publicação (CIP)
Angélica Ilacqua CRB-8/7057

L71s
    Lima, Reny, 1965-
    Silêncio da alma / Reny Lima. – Rio de Janeiro : Ibis Libris, 2018.
    112 p., 14x21cm

    ISBN 978-85-7823-304-4
    1. Poesia brasileira I. Título

                                            CDD B869.1

Impresso no Brasil
2018

Todos os direitos reservados.

E-mail da autora: rlimauntone@gmail.com

Todos os direitos reservados.

Ibis Libris Editora Ltda. – ME
CNPJ 09.238.097/0001-40
Rua Pereira Nunes, 396 / 1.701
Vila Isabel | Rio de Janeiro | RJ
CEP 20.541-022
Tel.: 21 | 3546-1007

ibislibris.loja2.com.br
ibislibris@gmail.com

Associada à LIBRE.
www.libre.org.br

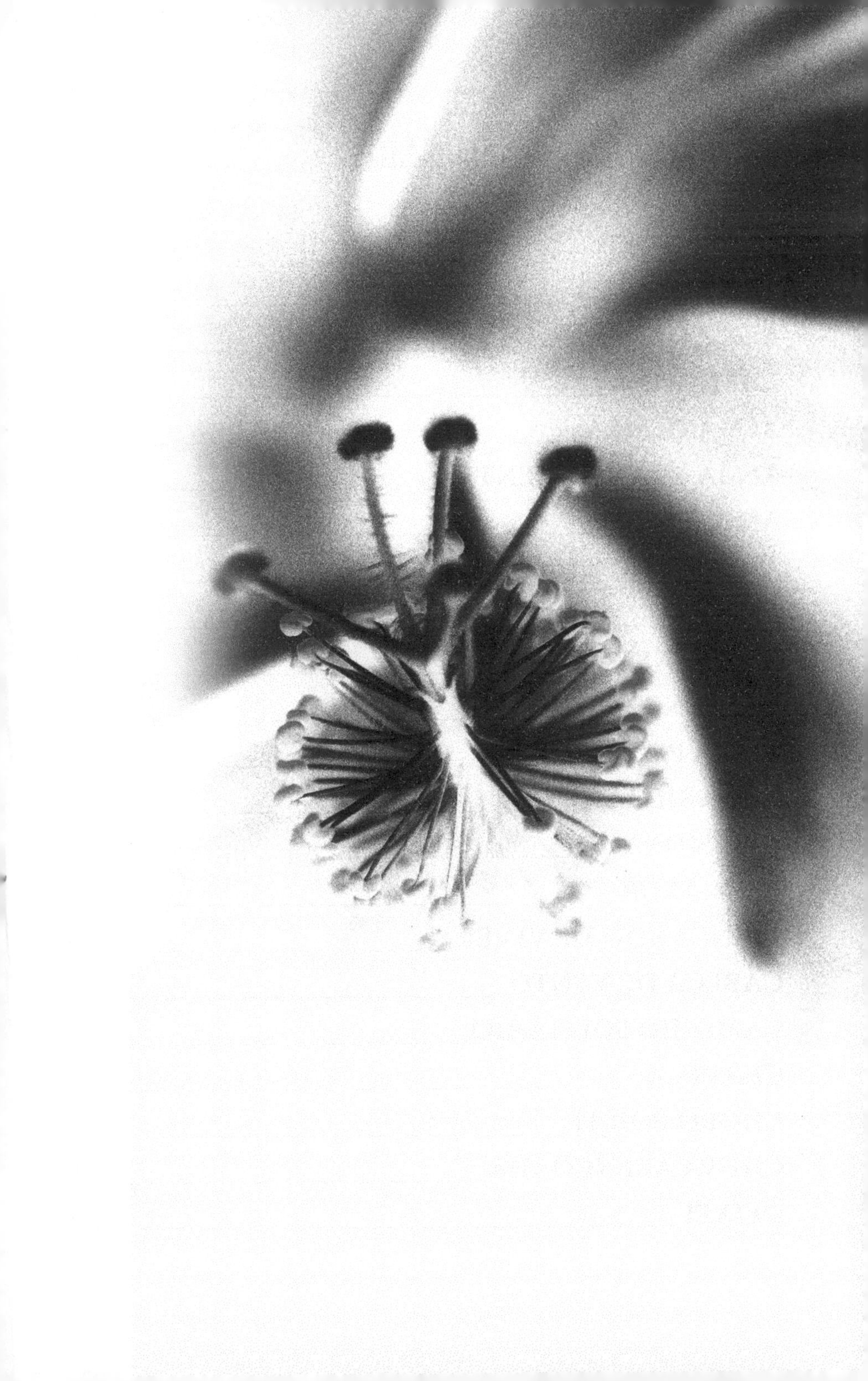

SUMÁRIO

A CULPA É SUA _____ 19
À LUZ DE VELAS _____ 20
ABANDONO _____ 21
ALMA GÊMEA _____ 22
ALMA TRANSPARENTE _____ 23
AMIGA IRMÃ _____ 24
AMIGAS TRÊS EMES _____ 25
AMIGOS _____ 26
AMOR INFINITO _____ 27
AMOR NO INVERNO _____ 28
AMOR PROIBIDO _____ 29
ANDARILHA _____ 30
APRISIONADA _____ 31
BEIJA-FLOR _____ 32
BRINCANDO DE VIVER _____ 33
CABEÇA DE VENTO _____ 34
CAMINHO SOLITÁRIO _____ 35
CHAVE _____ 36
CHORO POR TI _____ 37
CHUVA ABENÇOADA _____ 38
DEIXEI _____ 39

DESÂNIMO	40
DESENCONTROS	41
DESERTO	42
DIA DIFERENTE	43
DOCE AMARGO	44
DOCE LEMBRANÇA	45
DOIS CORAÇÕES E UMA HISTÓRIA	46
E NO FINAL	47
ENCANTO E MAGIA	48
ENTARDECER	49
EU AMO	50
EU NÃO IMAGINEI	51
FÉ(LICIDADE)	52
FLORES E VINHO	53
FOI AMOR À PRIMEIRA VISTA	54
FRAGMENTOS	55
GOTAS DE AMOR	56
HOJE EU QUERIA O COLO DE DEUS	57
IMAGEM REFLETIDA NO ESPELHO	58
JANEIRO	59
LAÇOS	60
LEVO VOCÊ NO PENSAMENTO	61
LIBERDADE	62
LINHA, PONTO, RETICÊNCIAS...	63

LIVRO DA VIDA	64
MADRUGADA	65
MÃE	66
MENINA MULHER	67
MEU BEM-QUERER	68
MEU CORAÇÃO	69
MEU POEMA DE AMOR	70
MEUS OLHOS	71
MINHA INSPIRAÇÃO	72
MINHAS PÁGINAS	73
MÚSICA DA VIDA	74
NÃO ME FIZ	75
NÃO ME PEÇA	76
NATAL	77
NO APAGAR DAS LUZES	78
NO MEIO DO NADA	79
NOITE VAZIA	80
NOSSOS CAMINHOS SE CRUZARAM	81
O DIFÍCIL DA VIDA	82
O LÁPIS	83
O QUE SOBROU DE MIM	84
OLHAR SEDUTOR	85
OLHOS FECHADOS	86
OUTRA VEZ	87

OUVI DIZER	88
PEDAÇO DE MIM	89
PERDI-ME	90
POETA E POESIA	91
QUEM SOU EU?	92
QUERO COLO	93
RASCUNHO	94
RENASCER	95
RENASCER DO AMOR	96
RESILIÊNCIA	97
RESSURGIR	98
RIOMAR	99
SAUDADE DA VIDA	100
SAUDADE DE MIM	101
SER MULHER	102
SILÊNCIO DA ALMA	103
UM AMOR DE INFÂNCIA	104
UTILIDADE	105
VAZIA DE SENTIMENTOS	106
VENTANIA	107
VIDA E MORTE	108
VIDA QUE SEGUE	109

AGRADECIMENTOS

Agradeço à minha prima RÔ LOPES, ao meu amigo JOAQUIM ANTÔNIO DE ALMEIDA e à minha amiga MARIA JOSÉ TAVARES DE ALMEIDA SILVA, que acreditaram em mim e me incentivaram a conquistar este sonho.

APRESENTAÇÃO

Percorrendo as estradas, vivi e sobrevivi aos tortuosos e dolorosos espinhos lançados ao chão.

Poetei minhas dores, versei as alegrias voando nas asas da imaginação, repousando no colo da ilusão.

Tropeços, quedas, desilusão – tudo reunido no fundo da alma – me fizeram forte, corajosa e impulsionaram-me avante.

Como Dom Quixote, vesti a armadura de ferro, enfrentei meus medos, travei batalhas com meus fantasmas e ignorei as pontes carcomidas pelo tempo.

Atravessei-as, pendurada nos cipós da esperança, tracei minha meta com segurança, e hoje recebo das mãos de Deus os frutos da minha vitória, que a partir de agora será de bênçãos e glória.

ORAÇÃO

Deus, de joelhos diante de ti venho agradecer todas as bênçãos recebidas e dádivas alcançadas. Obrigada!

*Dedico este meu primeiro livro
à minha filha Ana Carolina
e à minha mãe Eunice.*

A CULPA É SUA

Por amá-lo tanto assim, por querê-lo sempre perto de mim, com esse sorriso lindo, sua voz macia, seu olhar penetrante, a culpa é sua por não conseguir esquecê-lo, tê-lo entranhado no meu ser, arraigado em meu coração. Você é o oxigênio do meu pulmão, o bater do meu coração, alma em transformação.

A culpa é sua, por eu, depois de tantos anos, ainda desenhar seu rosto na areia, escrever seu nome na madeira, sentir seu perfume nas flores, sorrir balbuciando palavras desconexas, pensando em você, fazer meu ninho no seu ser.

A culpa é sua por não me esquecer de você.

A culpa é minha por amá-lo assim.

À LUZ DE VELAS

    Enfeitei nossos caminhos com pétalas de rosas amarelas e vermelhas, coloquei na mesa com grande alegria um delicioso jantar, acendi as velas perfumadas e, olhando seu semblante sob a luz, senti um arrepio delicioso, quando delicadamente tocou meu rosto com uma pétala amarela. Fez acender a chama ardente do desejo.

    Com beijos escorregadios e toques quentes nos amamos sem pudor e receio, até se esgotarem os desejos e a alma se tornar leve, flutuando nas nuvens da ânsia saciada. Ficamos juntos, entrelaçados, arfantes e inebriados de amor, bastando apenas mais um beijo e um deslizar de mãos por nossos corpos nus para reacender o desejo voluptuoso de amar novamente, de sentir o amor, preenchendo as lacunas que restavam com sensual sedução até nos sentirmos exauridos e dormirmos abraçados até o alvorecer.

ABANDONO

Abandonei toda a tristeza da minha vida, deixei lá, caída no chão, joguei fora a angústia que feria meu coração, causas perdidas que não tinham mais solução.

Abandonei quem um dia me abandonou; quem, deixando a esperança vã, partiu sem olhar para trás, maltratou meu coração... A vida pesada, a alma lacrada, o coração fatiado.

Juntei meus pedaços, (re)fiz-me como aurora a cada amanhecer, abandonando as noites escuras, sem lua, sem estrelas, enfeitando-as com brilho, sorriso, amor.

Abandonei sem olhar para trás, despi-me da carcaça pesada, machucada, deformada.

Vesti-me outra pele, anunciei à vida:

– Eis-me aqui, mais atrevida.

ALMA GÊMEA

Por que teima em não se mostrar?
Quero poder seu rosto tocar,
Sentir seu gosto, seu cheiro.
Alma gêmea, venha ao meu encontro,
Unir nosso destino, viver nosso desatino.
Alma gêmea, será que você existe?
Ou será fruto da minha ilusão?
Fico a imaginar nós dois, de mãos dadas, a passear,
Sentindo na pele o vento a tocar,
Ouvindo o barulho do mar.
Alma gêmea, quero, com meus dedos, tocar sua face
E, de olhos fechados, sentir o desenhar do seu semblante,
E, com meus lábios, beijar os seus.
Quero aninhar-me em seus braços,
Sentir seus abraços, dormir em seu regaço.
Venha, minha alma gêmea,
Vamos unir nossas almas, viver um só coração.
Alma gêmea, mesmo sem saber, sinto o amor florescer,
A alma sorrir, esperando por você.

ALMA TRANSPARENTE

...reluzente, que brilha ao anoitecer, permaneça com sua luz até o alvorecer trazendo a marca da felicidade, com pureza e bondade, que deixa tudo à mostra e nada esconde, e que fulge em sua dimensão.

Alma transparente que, por vezes, se feriu, sentiu a maldade que um dia a atingiu. Mas com sua pureza remendou seus estragos, como uma colcha de retalhos, juntando os farrapos e tornando-os coloridos.

Tens a marca da saudade, tens cicatrizes da maldade, tens a fé e a caridade, que faz brilhar a felicidade.

Alma transparente...

AMIGA IRMÃ
Para Maria José Tavares

Mulher de caráter forte, coração de manteiga, que se derrete toda vez que alguém precisa de você.

Amiga fiel, um anjo descido do céu, que veio alegrar tudo ao seu redor. Sorridente, sabe confortar a todos.

Minha amiga, minha irmã que tenho aqui, por Deus enviada, para fazer sua morada no coração de seus irmãos.

Mãe dedicada, esposa apaixonada, amiga encantada, sua missão aqui na Terra é ajudar; sem olhar a quem, estende a mão. Sempre de braços abertos, olhos despertos, está pronta para servir com alegria e gratidão.

Sei que também sente aflição, sofre em silêncio a dor e a tristeza, muitas vezes sem consolo ou um ombro para se encostar e chorar.

Sua profissão foi escolhida pelo seu coração, acalenta e conforta a dor dos enfermos, sem esperança. Com sua bondade, simplicidade e largo sorriso, traz paz de espírito e transforma a dor em riso.

Amo-te, minha amiga e irmã. Gratidão a Deus por ser sua amiga.

AMIGAS TRÊS EMES

Maria, Mijona, Magrela caminhando pelas ruas cheias de graça e beleza, espalhando suas alegrias, espantando toda tristeza.

Maria, cheia de graça, preenche o ar com seu sorriso, encantando quem passa.

Mijona, cheia de alegria, traz nos olhos a fantasia e nos lábios, a poesia.

Magrela, caminha com esperança, esbanjando confiança, trazendo nos olhos a semelhança com a vida.

Três emes que passeavam pela Avenida Paulista esbanjando luz por entre os transeuntes, na alameda onde as luzes se ofuscaram pelo resplandecente sorriso que delas emana, transbordando amor e poesia em sua travessia.

Maria, Mijona, Magrela. Três mulheres simples, comuns que se encontraram na poesia e tornaram-se amigas.

Juntas na poesia, na alegria e na paz que traz a alma leve que carregam. Nessa alma, dinheiro não importa; importa apenas a essência de toda a existência da cumplicidade conquistada entre amigas, mesmo tão recentemente conhecidas, mas como se fossem antigas.

Maria
Mijona
Magrela

Três flores belas nas ruas e na passarela da vida, em prosa e verso, conto e fantasia.

AMIGOS

Amigos são como flores que perfumam nossa vida. Existem aqueles que nunca vemos, mas sabemos que estão ali; aqueles com quem falamos todos os dias, mas não conhecemos pessoalmente, e aqueles que conhecemos, mas estão, às vezes, perto, às vezes, longe.

O importante é que acabamos por formar uma grande família, e seguimos juntos nesse trem chamado vida, onde uns ficam pelo caminho, outros nos deixam para ir morar com Deus – mas não saem dos nossos corações – e outros permanecem conosco trilhando as estradas e abrilhantando nossos dias.

O importante é que, longe ou perto, o amor que nos une é inabalável e verdadeiro.

Obrigada a meus amigos por fazerem parte do meu trem que chamo vida.

AMOR INFINITO

Deixado por Deus, escrito e gravado no coração, amor incondicional, sem distinção, sem medo de amar seu irmão.

O coração fica mais bonito quando se doa sem limites, sem medo. Amor guardado no peito de quem tanto amou.

Amor infinito é amar e deixar-se amar, transformar dor e grito de angústia em sorriso e canto de felicidade.

Amor infinito eu trago em meu coração para doar a todos os meus irmãos; amor que Deus plantou nos corações de todos para ser vivido, sentido e doado.

Amor infinito eu tenho por ti, guardado no infinito do meu ser; a alma leve, o sorriso puramente brando, o semblante transparente...

Guardo na mente toda a beleza e pureza do teu ser.

Amor infinito.

Infinito amor.

AMOR NO INVERNO

Amei em outras estações, na primavera, no outono e no verão, mas foi o inverno que conquistou meu coração.
Frio, vinho, amor e paixão.
Inverno, ao inverso do verão, confesso que muito mais aquece o corpo e o coração.
Agarradinhos, em frente à lareira, vai crescendo a emoção.
Abraços, beijos demorados, carinho, amor, convulsão de paixão.
Amor em estações tem jeito em todas as horas, mas, no inverno, amamos sem pressa, aquecendo nossos corpos, um ao outro.
Dormir de conchinha, meu amor, que gracinha...
Ver seu corpo tão belo no inverno sendo meu cobertor.
No calor dos seus braços, que passe bem rápido o verão, o outono e a primavera, para sempre juntos amarmos no inverno que nos espera.

AMOR PROIBIDO

...esse que tenho vivido.
Fico escondida olhando você.
Amor proibido, coração enlouquecido.
Amor proibido, vivido no silêncio profundo do meu ser.
Sem você, o sol não brilha, a lua se esconde, a noite fica mais escura.
Amor proibido, que faz meu coração bater mais forte só de ouvir você,
Que treme meu corpo quando te vê, faz meu sorriso aparecer.
Amor proibido tenho em meu sonho.
Eu te amo em meu silêncio, fingindo não te conhecer.
Amor proibido, um dia serás conhecido, amado e sentido, voltarás a viver.
Enquanto fores proibido, levarei no peito a esperança,
No rosto, a alegria de te ver, nos olhos, as lágrimas de te querer,
A alma percorrendo devaneios por você,
O coração triste sem poder um beijo de ti roubar.
Amor proibido, um dia serás conhecido, amado e sentido,
Voltarás a viver,
Amor proibido, esse que tenho vivido...

ANDARILHA

Ando por trilhas estreitas, cheias de curvas, subidas e descidas.
Ando sem pressa, observando tudo à minha volta.
Andando nas trilhas da vida, tornei-me andarilha nos trilhos do meu trem,
Que às vezes descarrila, vira e causa danos profundos nos vagões da alma.
Juntando os vagões, retomo meu caminho no trilho da vida,
Caminho por campos floridos,
Subo montanhas e me sento ao relento, olhando o mundo lá embaixo,
Vejo o pôr do sol que vem me saudar com seu espetáculo.
Fico esperando a lua que vem manhosa,
Mostrando-se majestosa, iluminando meu caminho.
Deslumbro-me com a alvorada que chega feliz,
Trazendo-me as delicadezas de Deus
Andarilha da vida, tenho saudade dos tempos passados.
Guardo no peito lembranças, amores, rostos, gostos, desgostos.
Continuo caminhando, seguindo o curso dos rios, desviando das tristezas,
Abraçando a esperança que caminha comigo,
Ouvindo meus suspiros, carregando-me nas asas dos sonhos.
Sou andarilha do trem da minha vida.

APRISIONADA

Em meu mundo, bem no fundo do meu ser, está todo o sentimento sentido, cada lágrima derramada, o sonho perdido.

Aprisionei dentro da alma o sorriso, o olhar, a vida. Deixei caído dentro de mim tudo que não vivi, senti tudo o que perdi, o que não esqueci, o que esqueci.

Nas árvores secas do âmago, folhas caídas, caminho descalça procurando minha alegria, meu brilho, a essência da vida.

Largada em um canto triste, definhando meus dias escuros, encontrei você a me dizer:– Aqui estou, volte a viver.

BEIJA-FLOR

Sou um beija-flor que passeia nos jardins da vida, sugando o néctar do amor.

Levo as doçuras no bico, espalhando o perfume no ar, sentindo a brisa leve nessas asas que batem sem parar.

Alço voos altos no fundo da alma em sonhos profundos. No peito, um coração cheio de cicatrizes e remendos.

Tenho uma vida de alegrias provando desse néctar, e a esperança nas asas me permite mudar o caminho quando este se torna insuportável.

No jardim da vida, sugo vários néctares e guardo todos os doces sabores em meu bico, voando sozinha, visitando as mais lindas e sápidas flores, passando por negras florestas e por terrenos áridos de céu escuro.

Vou seguindo o curso da vida, procurando um lugar para fazer o meu ninho e nele feliz viver os sonhos e as loucuras da vida, repousando para descansar na nuvem de algodão, e sentindo a brisa leve remexer as plumas do meu corpo, causando ondas anestesiantes de delírio e paixão.

BRINCANDO DE VIVER

Sigo nesse barco chamado Vida, aprendendo a (re)viver, a (re)inventar, a (re)lembrar, escrevendo cada dia um novo capítulo – alguns bem escritos, outros nem tanto.

Já perdi o encantamento das letras, já escrevi a lápis, ou simplesmente não escrevi. Sorri por fora e chorei por dentro; já, de joelhos, agradeci.

Brincando de viver, tentando aprender, deixando às vezes o barco correr.

Conheci você, que me ensinou que viver é uma arte, coisa séria de fazer. Levou-me a acreditar, a sonhar, a esquecer e a lembrar coisas, momentos, encantos, tormentos.

Brincando de viver, perdi-me em você, encontrei-me, encantei-me, frustrei-me.

Percorrendo caminhos desertos, incertos, com você eu me encontrei, perdi você, perdi-me, nunca mais nos encontramos.

Brincando de viver, morri por dentro, deixei-me com desalento, esmorecida, entristecida, desencantada, parei no momento, no instante. Escrevi o escuro de viver.

Brincando de viver, sigo nesse barco chamado Vida.

CABEÇA DE VENTO

Vive ao relento, sonhando acordada, caminha, displicente, sem pensar em nada.

Seus olhos são ausentes, sua mente nada registra, sua cabeça de vento voa mais do que passarinho: vai a todos os lugares e não faz seu ninho. Não tem morada, não pensa em nada.

Livre, sem se atentar ao duro mundo onde caminha, sonha alto, vive nas nuvens, anda no céu.

Às vezes, vem à memória a figura de alguém que guarda, no fundo do coração, um alguém a quem a alma, viajando, procura em várias estações.

Cabeça de vento, vive ao relento, sonhando acordada, quer ser encontrada, quer ser amada, viver enamorada, como o sol e a lua, eternos apaixonados.

Não é preciso ser príncipe, e não é preciso chegar num cavalo branco, mas tem de ter o coração puro, como a água cristalina, leve como o algodão, para preencher as lacunas do coração.

CAMINHO SOLITÁRIO

Caminhando por essa estrada solitária e escura, vou seguindo segura, meu amor vou encontrar.

As corujas que piam parecem que compartilham comigo a felicidade que chega. As árvores, em festa, sacodem suas folhas, como aplaudindo meu leve caminhar.

Vaga-lumes seguem comigo, fazendo peripécias no ar, iluminando todo lugar por onde eu passo. Estrada com cheiro de mato, com cheiro de flor; estrada cheia de amor.

Trajeto da felicidade: no fim da curva fechada, tem uma casinha encantada, onde mora o meu amor. Simples, humilde, feita de taipa, com cerca branquinha, fogão de lenha na cozinha, mas cheia de encanto e magia.

Espere, meu anjo querido, estou chegando. Atendendo ao seu pedido, vou lhe dar meu coração, que, por tempos, ficou escondido, esperando esta paixão. Acenda o lampião na porta, enfeite nosso ninho com flores de laranjeira, perfumadas e brejeiras. Me espere, que estou chegando toda faceira.

Ficaremos juntos a noite inteira, falando de amor e de outras besteiras, e quando o galo anunciar o raiar do sol, vamos juntos assistir ao alvorecer, aquecidos de todo prazer e perfumes de nossa estrada.

CHAVE

Você me disse, um dia, que estava moldando a chave para entrar no meu coração e, sem que eu percebesse, aos poucos, foi preenchendo o vazio da solidão.

Foi entrando de mansinho, conquistando cada espaço, alegrando cada cantinho.

A chave, segundo você, a cada dia estava mais moldada, e eu fui me deixando envolver, permitindo que preenchesse as lacunas do meu ser.

Com seu carinho, seu sorriso, seu cuidado, abri as portas da alma e as janelas da vida, desatei as amarras da tristeza e estanquei o sangue das feridas.

Consenti que fizesse sua morada, fiquei enamorada, e amei você com devoção. Fiz de você meu mundo, sorri seu sorriso, chorei suas lágrimas, cantei sua canção.

A chave ficou pronta, eu, de amor, estava tonta, inebriada de paixão. Era toda felicidade, cativada, emoldurada nos quadros da paisagem sortida de felicidade. Caminhei em nuvens de algodão, mergulhei em um mar de águas mornas, deixei o amor em construção adentrar e fazer sua morada em meu coração.

Você entrou em meu ser, trancou sua imagem em minha mente, seu amor dentro do peito e jogou a chave fora, foi embora, não olhou para trás, não me libertou do amor que em mim plantou.

Agora, com o coração trancado, espero a libertação que vem da alma. Vou desenhar, rabiscar no papel meu sonho cantado em cordel. Vou moldar a chave da vida, que, uma vez perdida, sobrou só a solidão.

CHORO POR TI

As lágrimas que escorrem dos meus olhos são por ti, amor perdido, lembranças no meu peito ferido de um amor não correspondido.

Pensava eu que me amavas, achei em ti tudo que eu sonhava, porém, partiste, deixaste-me triste a vagar.

Hoje em meu peito só dor existe. Procurando um alento, olho minha alma por dentro para te encontrar, e vejo o amor desfeito de um jeito que nunca consegui suportar.

A vida para longe te levou. Procuro teus olhos com amor, mas não te encontrei nesses caminhos frios, nessa vida sem cor.

Choro por ti, amor bandido, traíste meu sentido, deixaste-me sozinha na escuridão do meu Eu.

Lágrimas são as únicas que aquecem meus dias, que mais e mais se entristecem, procurando um sinal que alento me desse.

Choro por ti, amor perdido. Talvez, quando um dia voltares, não encontrarás mais este amor que deixaste vagando sem rumo ao luar.

Choro por ti.

CHUVA ABENÇOADA

Caindo de mansinho, vem lavando a alma, tirando todas as tristezas e recordações que não me fizeram bem. A noite é escura. Os ventos açoitam as árvores, fazendo-as cantar um triste lamento.

O tormento de um coração que sangra, como um canto triste de um quilombo a chorar olhando pela janela, vendo a chuva cair, também traz no peito um amor desfeito, sente o açoite da dor a dilacerar, lágrimas na face a rolar, vão como a chuva lavar a dor desse coração que sangra.

Ao nascer do sol, os raios aquecem o dia. Meu coração desvalido, no peito oprimido, começa nova e lentamente a bater. Sinto aquecer a alma, o triste canto de lamento foi levado pela enxurrada. Meu coração leve, puro e limpo volta mais uma vez a sorrir, mesmo cheio de cicatrizes.

Chuva abençoada, por Deus mandada, lavou a mágoa trancada no peito, deixando o coração, antes árido, agora fértil, para receber todo o amor que a vida trouxer e merecer.

DEIXEI

Deixei a porta do coração entreaberta para a saudade sair, a esperança entrar e o amor fazer sua morada.

Deixei as feridas guardadas no fundo do esquecimento, a mágoa, joguei ao vento, retirei a tristeza do peito, a lembrança do pensamento.

Deixei entreaberta a porta do coração e senti a brisa que adentrou, levando os resquícios que ainda restavam de você embora. Uma luz encheu meu ser, a alegria voltou ao meu peito e o amor plantou sua semente, cresceu e restaurou a alma que um dia amargou, enegrecida pela dor.

Deixei entreaberta a porta e a felicidade, esperta, tomou conta, preenchendo todas as lacunas. Com o sorriso estampado, olhos brilhantes e alma leve, repouso nos braços abertos da minha vida renovada.

DESÂNIMO

Ando tão desanimada, um pouco tristonha, com o coração endurecido e a alma sozinha...

Ando tão desanimada com a vida imóvel, com as coisas malucas desse caminho... Sinto escorrer entre os dedos a felicidade que havia em minha vida.

Ando tão desanimada com palavras vãs, com a rudeza, com a falta de brilho nos olhos das pessoas...

Cansada de corpos sem alma, de mentes fúteis, de falta de gratidão, de perdão e de amor entre cristãos. Cansada da desumanidade dos seres humanos.

DESENCONTROS

Desencontrei-me de você na névoa densa dos campos. Corri em busca de seus abraços, seguindo seus passos.

Desencontrei-me de você nos montes mais altos, nas montanhas-russas da estrada, nas curvas fechadas da vida. Procurei seu vulto no clarão da lua, no brilho das estrelas, nas calçadas e na rua.

Desencontrei-me de você nas entranhas profundas do meu ser. Vasculhei cada pedacinho dentro de mim, despi a alma, rasguei, retalhei, não o encontrei.

Desencontrei-me de você quando vi que eu era um sonho seu, e que você era uma ilusão para mim. Um sonho que, quando acordei, vi que não passara de uma alucinação. Frustração dos nossos corações sonhadores que deixaram se enganar nas asas da paixão, encontrando apenas a solidão.

DESERTO

Atravessei o deserto da alma, passando pelo meu porto solidão, rasguei as areias da vida, ficando só a razão, deixando pegadas na areia, que o vento se encarregou de apagar, para eu nunca mais voltar.

Andando no deserto da vida, perdi a razão, procurei mais uma vez meu porto solidão.

Olhei em volta e encontrei o sol, quente, escaldante, persistente. Ele me dizia: "Atravesse esse deserto e vá ao encontro do seu oásis".

Mas onde encontrá-lo? Uma voz dentro de mim me atormentava, e a resposta veio da nuvem que passava.

"Quando te encontrares, dentro de ti, e deixares essa carcaça na areia, vais sentir latente em tuas veias o oásis pelo qual anseias".

Andei a procurar, e no caminho fui deixando toda a amargura. Meu coração ficou leve como a pluma e a areia virou espuma. A vida ficou clara, como luz incandescente.

Caminhei pisando a areia, hoje tenho o caminho que floreia minha alma que feliz vaga à procura do amor que corre em minhas veias.

Atravessei o deserto.

DIA DIFERENTE

Confusão de sentimentos e de pensamentos envolve meu ser levando-me à angustia de viver.

Dia diferente, de fazer faxina na alma, de tirar o mofo, a poeira, as tranqueiras guardadas, desnecessárias.

Jogar o que não vale a pena fora e deixar espaço para coisas novas, que, bem-vindas, renovam a alma e a essência de viver.

Tirar o peso da alma, do coração, do corpo, deixar fluir novos amores e cores, saboreando novos gostos e sentindo novos aromas da vida em campos floridos.

Elevar o pensamento a Deus, agradecer tudo o que tenho e sou, e o amor que posso doar sem nada pedir, simplesmente pelo fato de existir.

Hoje meu dia será diferente: quero calor humano, abraços, beijinhos, andar despreocupada, sorrir do nada, cantar bem alto, colocar um salto e passear na calçada.

Hoje quero tudo e mais um pouco: quero um amor louco, quero beijos soltos, quero encontrar você.

Quero um amor que prenda a gente, um beijo demorado, quero amar e ser amada.

Quero morango com pimenta que esquenta o corpo: o coração arrebentando de emoção.

Hoje quero um dia diferente.

DOCE AMARGO

Ainda sinto seu beijo doce em meus lábios, misturando-se ao amargor da saudade que me invade. Desejo de estar com você.

Você é meu céu estrelado e meus dias nublados. Meus olhos sorriem sua presença e choram sua ausência.

É meu vício mais constante, alegria do meu semblante.

Doce amargo gostoso de sentir. Faz-me delirar com seu toque, vibrar com seu calor, estremecer de tristeza, gelar com sua aspereza, quando, sem juras e certezas, parte para as aventuras da vida, que o levam a lugares longínquos.

Você leva meu coração e meu sorriso, deixando-me apenas a incerteza que sinto em noites de solidão.

Meu doce amargo, meu porto solidão, alegrias e tristezas traz ao meu coração.

DOCE LEMBRANÇA

Hoje, remexendo em meus guardados, encontrei aquela pétala de rosa com seu nome gravado. Doces lembranças vieram à tona. Olhando a pétala seca, mergulhei no meu interior e deparei-me com você guardado, quietinho em meu coração.

Voltei ao passado. Lembrei-me de nossas conversas, brincadeiras, carícias e aventuras. Quanta coisa vivemos... Sorrisos, lágrimas... Tanto tempo passou e nada se perdeu, nada foi esquecido.

Levada por nossas lembranças, chorei a saudade que apertou meu coração, fazendo cair lágrimas sofridas e um dia sufocadas.

Ah! Como eu queria que tudo voltasse, e deitar em seus braços, com você a acarinhar meus cabelos, enquanto fazíamos planos. Queria vê-lo novamente, beijar seus lábios macios e quentes, ouvir sussurros de amor.

Doces lembranças tenho na memória. Seu semblante não me sai da mente, não esqueci a nossa história. Meu coração ainda sente seu corpo quente e os beijos ardentes.

Chorando lágrimas de saudade, mas não de tristeza, tenho no peito a certeza que, quando não mais suportar sua ausência, tenho guardadas no pensamento e marcadas no peito essas doces lembranças. Na pétala de rosa, com seu nome gravado, está minha essência de viver.

DOIS CORAÇÕES E UMA HISTÓRIA

Dois corações que se encontram ao acaso, unidos pelo destino e parte da mesma história, feita com amor, acertos, erros, sorrisos e tristezas.

Dois corações apaixonados, que andavam juntinhos, que por nada se largavam, criando amizade, carinho, cumplicidade, amor.

Dois corações e uma história que juntos escreveram e viveram. Mas se perderam. Partiram por caminhos diferentes, seguiram sua estrela-guia e nunca mais se reuniram.

Restaram apenas as lembranças da história que viveram, a saudade e a vontade de encontrar, na esperança nunca perdida, o amor de toda uma vida.

E NO FINAL

...levarei lembranças inesquecíveis, amizades preciosas.

E, no final, onde pensei não haver mais luz, encontrei um diamante radiante que mostrou a imensidão à frente, verdes primaveras, com flores belas e perfumes inebriantes.

E, no final, o outono, mesmo com sua cinza cor, demonstrou sua maestria.

E, no final, a tristeza do Pierrô apaixonado, que perdeu o seu amor, transformou-se em alegria de palhaço no picadeiro.

E, no final, a alma agradecida, o coração acalantado, o sorriso estampado e a vida renovada.

E, no final, descobri que era apenas o início.

ENCANTO E MAGIA

Envolveu-me enquanto eu andava sem rumo, acabrunhada, ensimesmada. Vi um vulto que, com passos firmes e leves, veio displicente, sorriso maroto, olhar fascinante, silhueta esguia. Passou por mim com um perfume inebriante que, envolvendo todo o ar, fez-me respirar um profundo sentimento de amor inesperado.

Olhei para ele com seus olhos fixos em mim e tive a sensação de que me despiam a alma, descobrindo meu maior segredo, contido na bagunça do meu ser. Você se instalou, retirando todos os resquícios de tristeza, de amargor e solidão. Acendeu a fogueira da paixão, de sentimentos confusos e doces, delírios e sonhos misturando-se à realidade, provocando sensações e reações, anestesiando dores e plantando esperança, confiança e amor.

Voltei a sentir e viver encanto e magia, como se nunca fosse morrer um dia.

(Re)descobri a vida, (re)nasci.

ENTARDECER

Tarde quente, sentada na calçada, olhando para o nada, percorro, com os olhos, transeuntes apressados, correndo como máquinas, sem olhar em volta. Começo a observar cada um que passa, com sua peculiaridade, verdade, certeza, incerteza. Vejo pessoas sisudas, carrancudas, outras sorridentes, mostrando os dentes, algumas alheias, distantes.

Entardecer, sol se pondo, sorrindo para sua amada lua que vem surgindo – vem faceira, sorrateira, querendo, toda lampeira, chamar sua atenção. É seu amor imponente e cálido.

Entardecer, sentada na calçada, vejo tudo, olho para o nada, simplesmente me deslumbro com a maestria do sol e a sua alegria em ver a lua nua, simples, brilhante com seu amor errante.

Entardecer, paisagem magnífica de ver. Maravilhada, sonho como a lua em ser amada por um sol ardente, imponente e reluzente que é você.

EU AMO

A vida que tenho, ávida, viva, amo cada dia, cada instante, cada segundo com você.

Eu amo seu cheiro, seu beijo, seus desejos, suas mãos a passear pelo meu corpo, desvendando meus segredos, seus dedos a tocar meus lábios. Eu amo a explosão que você causa em meu ser.

Eu amo quando, saciados os nossos desejos, ficamos deitados, embriagados com uma paixão que logo toma conta de nós outra vez, com força e emoção.

Eu amo os pequenos detalhes do amor que se fazem entre mim e você. Somos um em dois.

Eu amo amar você.

EU NÃO IMAGINEI

...que seria assim tão difícil.
Eu não imaginei, um dia, longe de você, minha vida sem você.
Eu não imaginei nada disso: só imaginei e sonhei coisas boas.
Desfrutei de cada segundo ao seu lado, senti o gosto do seu beijo.
Aninhei-me em seus braços, sentindo seu afago,
Vibrei com o suave toque de seus dedos em meu corpo,
Vivi intensamente tudo que passamos, cada minuto, cada segundo.
Segurei suas mãos junto ao meu coração.
Eu não imaginei que seria tão difícil, que sem você eu morreria,
Que minha alma iria vagar nas noites escuras a procurá-lo.
Eu não imaginei que, um dia, você fosse ser arrancado de mim,
Que a solidão fosse fazer morada em meu ser.
Eu não imaginei...

FÉ(LICIDADE)

Fé em tudo que fizer e vier, felicidade em tudo que tiver.

Fé nas pessoas boas, no coração limpo, na felicidade acompanhada e amparada.

Fé em Deus que os criou, você e seus irmãos, que plantou amor e união.

Felicidade dividida, sentida no coração.

Fé na vida, na lida, na adversidade vencida,

Felicidade espalhada por toda a cidade, em todas as idades, com emoção.

Fé no futuro e escuro porvir, felicidade em poder seguir,

Em continuar na estrada, iluminada, cantada e sonhada.

Fé nas noites escuras de solidão, de tristeza,

De choro engasgado, de grito abafado.

Felicidade nos dias de sol, clareza, beleza.

Amor por mais um dia escrito no livro da vida.

Fé nos dias cinzentos com chuva, raios e ventos.

Felicidade no amanhecer, com pássaros anunciando a beleza de viver.

FLORES E VINHO

Nessa noite especial, coloquei flores em nossa mesa e um delicioso vinho para gelar.
Acendi as velas no meu coração, que iluminaram meu rosto e deixaram minha alma exposta. Você chegou com seu jeitinho meigo, com olhar sedutor. Entre flores e vinho, ficamos juntinhos. Uma música tocava baixinho, embalando as emoções.
Beijos deliciosos, abraços e carícias com a delicadeza do perfume das flores.
Uma noite de amor alucinante, aventura, sorrisos soltos – as flores foram testemunhas daquilo que começou com uma fagulha e que cresceu como uma fogueira. Elas ficaram enrubescidas com nosso amor explícito.
O vinho tornou-se cúmplice das carícias estonteantes, dos beijos ardentes.
Os corpos se uniram como se fossem um.
Flores e vinho, amor e carinho, unidos até que amanheça e o sol chegue nos saudando com seu calor.
Flores, vinho e uma noite de amor foi tudo o que ficou de você, de mim, de nós.

FOI AMOR À PRIMEIRA VISTA

Nossos destinos se cruzaram quando estávamos distraídos, sem pressa, sem perceber.

Eu me deparei com seu olhar, que espreitava minha maneira de andar com o olhar atento, brilhante, marcante, que flechou meu coração.

Olhei calmamente para você, para cada detalhe entalhado em seu rosto, seu sorriso, sua malícia, delícia de ver.

Foi amor à primeira vista. Eu queria, desejava que fosse a perder de vista.

Meu rosto tocou de leve, até chegar aos meus lábios, deixando-me sentir seu gosto doce. Meu corpo tremeu, o coração a bater forte, desejo de beijos ardentes.

Foi amor à primeira vista.

O mundo rodava, eu girava sem medo, sentindo seu toque, seu desejo. Beijou-me lentamente, eternamente, carente, sem dor.

Amor à primeira vista, julguei ser a perder de vista, mas quis o traiçoeiro destino que um grande desatino o levasse embora.

Procurei você nas estradas escuras, nas ruas tristes, nas noites sem fim. A solidão passou a morar em mim.

Hei de encontrá-lo. Minha alma vaga por todas as estradas procurando a sua, que saiu sem dizer nada, sem pedir perdão, sem olhar para mim.

Procuro em cada esquina, viela e beco. Na boca, o gosto amargo da saudade, desejo de verdade, angústia de dissabor, carrego no peito a maldade da sua partida. Nos olhos, a vontade de ver, de ter você.

Encontramo-nos por acaso, mas amor não é descaso, é coisa linda de se ver.

Amar sem medida, correr os riscos da vida, querer sem querer.

Foi amor à primeira vista.

FRAGMENTOS

Da alma, deixo jogados e o vento se encarrega de espalhar em busca do meu Eu.

Minha alma passeia na vasta imensidão, à procura do meu coração que se perdeu na escura noite sem lua. Fragmentos do meu ser são deixados nessa caminhada de busca incessante pela felicidade perdida e não mais encontrada.

Sinto no ar o cheiro das flores, que, de tanta tristeza, murcham, perdendo a beleza, deixando cair as pétalas por onde passo, solidárias ao meu pesar.

Pisando nas pétalas, tenho a impressão que os espinhos ferem meus pés... São as flores que choram a solidão na alma e no coração.

GOTAS DE AMOR

Eu, sedenta de você, absorvo cada gotícula que verte nos meus lábios, saboreando devagar o doce mel dos seus beijos.

Você, como um conta-gotas transformado em colibri, voa sempre em direção a outras pétalas, distribuindo seu amor a todas elas, deixando cair as gotinhas de leve, como se fosse carinho na macia face das pétalas.

Sou uma pétala frágil, que, sem o seu amor, eu morrerei de sede, murcharei, perderei a beleza. Meu perfume eu exalarei até ficar sem vida.

Você, que não sente amor por ninguém, voa de pétala em pétala para encontrar o seu bem, faz um coração apaixonado sofrer.

Às vezes, você apenas traz uma gota, para fazer brotar novamente a esperança, e depois deixá-la morrer.

Seu amor me chega em gotas, como o orvalho que fica nas pétalas de rosa.

Fico plantada na mesmice, esperando uma gotícula de vida, uma luz que me tire da escuridão, que é amar um colibri sem ninho, sem amor no coração.

Uma gota de amor é o que restou para mim, de você.

HOJE EU QUERIA O COLO DE DEUS

Hoje, queria ficar quietinha,
Ensimesmada em meu mundo,
Esquecer o mundo lá fora.
Hoje, queria o colo de Deus,
Contar a ele, em silêncio,
Todos os problemas meus.
Hoje, não queria sentir saudade.
Hoje, não queria lembrar-te.
Hoje, queria ser invisível.
Fugir de toda maldade.
Hoje, não queria chorar, mas chorei.
Lavei a alma com lágrimas doídas.
Meu coração abriu ferida, sangrou escondido.
Hoje, queria o colo de Deus, contar a ele,
Em silêncio, todos os problemas meus.
Hoje, apenas hoje, queria te esquecer,
Queria voltar a viver.
Sem você estou a morrer,
Como uma flor, sedenta do teu amor.

IMAGEM REFLETIDA NO ESPELHO

Escrevi no espelho embaçado o seu nome com batom vermelho da cor do sangue quente que corre por nossas veias, acendendo a flama do amor.

Escrevi, no espelho, nossa vida, nossa alegria, suas palavras de amor, suas promessas, suas mentiras.

Refletido no espelho, vi seu rosto, intrigado, olhar apagado, sorriso forçado, a me fitar com lágrimas escorrendo pela sua face.

Fiquei a olhar, tentando entender o motivo do seu rosto triste, de suas lágrimas.

Virei-me lentamente e fiquei surpresa, pois você não estava ali.

Voltei-me para o espelho e entendi que sua imagem era refletida pelos meus olhos, meu coração, meu desespero.

Em frente ao espelho, chorei a saudade que somente nos meus olhos existe, e em meu pensamento vive.

Espelho da minha alma, do meu coração, que reflete sua imagem no meu olhar, para me fazer sonhar, abrandando a solidão.

JANEIRO

Mês em que eu nasci.
E vários janeiros se passaram.
Fui criança, também adolescente.
Hoje sou madura, vivida, às vezes triste, carente, e também experiente.
Com todos esses janeiros, fui aprendendo alguma coisa para deixar como legado.
Muitas alegrias, muitas lágrimas derramadas – de felicidade e de tristeza também.
Nessa caminhada, tentei fazer sempre o melhor. Acertei muitas vezes; errei muito, tenho certeza.
A vida não vem com manual de instruções, e tive de aprender sozinha a conduzi-la e a arcar com as consequências dos erros e com as glórias dos acertos.
Sou filha, sou mãe, sou mulher.
Como filha, sei que sou falha; como mãe, muitas vezes tenho de dizer não, vendo nos olhos da minha filha a tristeza. Nem sempre estou certa, mas tento fazer o melhor (e dizer "não" faz parte do seu crescimento).
Como mulher, sou atrevida, com a vida mantendo a cabeça erguida; sigo desafiando o mundo, conquistando meu espaço.
Tropeços e quedas foram vários, mas elevo os olhos ao céu, prostro os joelhos no chão, rogo a Deus seu sustento, levanto-me e continuo seguindo, aprendendo e ensinando.
Tenho coração verdadeiro, cheio de amor, a alma leve, o sorriso farto.
Não guardo mágoa nem rancor, sei perdoar e pedir perdão.
Assim vou vivendo meus janeiros, e tenho certeza de que são bem vividos.
Sei que não passarei em branco nessa vida, pois muitos não me esquecerão.

LAÇOS

Esses laços que nos uniram juntaram seu corpo ao meu, e virou nó no coração, não se desfaz mais, não.

Laço bem feito, prendeu-se no peito, amarrou meu ser em seu viver.

Laço amarelo, vermelho singelo, lindo e belo de amor a florescer, que prende sem sufocar, sem o amor esmagar.

Laço que não aperta, apenas desperta o amor a bailar.

Laço de vida que gira, que ama e sabe se deixar amar, que abrange o mundo, que encanta a fundo, que se faz admirar.

Laço de amor, de luz, paz infinita que meu peito abriga sem dilacerar a alma às vezes aflita de amor.

Laço de amor nos juntou, você e eu, virou nó, para nunca mais desatar.

Laço de amizade, amor, cumplicidade, que, juntos, o mundo vai-nos levar a desbravar.

Laço meu, seu, nosso laço de amor no ar.

LEVO VOCÊ NO PENSAMENTO

Por onde passo, levo você no pensamento, com o coração atento, procurando conhecê-lo.

Não sei seu nome, não vejo seu rosto, não conheço seu gosto, não sei quem você é.

Levo você no pensamento, olhos abertos, alma inquieta, procurando, certa de encontrá-lo.

Meus olhos verdes, pequenos, brilham, mudam de cor. Parecem um arco-íris, somente por sonharem com você, sem mesmo ver seu vulto, que para minha alma está oculto.

Levo você no pensamento, meu Dom Quixote, cavaleiro andante. Como será seu semblante? Como será amar você?

No coração, bem lá dentro, espero encontrá-lo.

Sigo como um beija-flor, sentindo todo o sabor, procurando seu amor.

LIBERDADE

Palavra simples, mas de grande valor, que traz consigo um grande significado.

Quantos sofreram nesta vida tentando conquistar essa tal liberdade, com tanta verdade, com tanto dissabor.

Escravos presos a ferros, gritando ao mundo por amor. Direito de serem felizes entranhado em suas raízes.

Quando veio a abolição, como se fosse uma lição, mostraram seu valor, cantaram uma canção, tocaram seu tambor de lamento e de louvor.

Liberdade, ainda hoje exigida por muitos. Querem ser iguais nesse mundo muitas vezes imundo, de seres irracionais.

Liberdade de expressão, liberdade de coração, liberdade de viver, crer que um dia todos seremos irmãos.

Não somos cor, não somos raça, somos todos filhos/as de Deus, sem distinção. Temos liberdade de crescer, ser, existir, pensar, cantar, chorar e sorrir.

Liberdade de ir e vir, de escolher, de resolver, de viver. De reconhecer que a minha liberdade termina quando começa a do meu irmão.

Liberdade de andar com pés descalços, correr, sonhar bem alto, viver o amor que vier, que puder e quiser.

Liberdade de ser eu, você, nós.

LINHA, PONTO, RETICÊNCIAS...

Sou linha da vida, às vezes tortuosa, às vezes reta, com curvas sinuosas, vivendo o perigo de amar.

Na minha linha, tento escrever o amor que carrego escondido dentro do ser, que na inconstância de seus relevos, caio e desfaleço, levanto e engrandeço.

Minha linha reta torna-se fácil ao seu lado, deslizando como se tivesse asas, que me leva ao mais puro sentimento de Almas unidas.

Quando se torna tortuosa, meus olhos vagueiam à procura de você, tentando me agarrar em suas mãos firmes, para não cair no desfiladeiro da angústia, e prostrar-me no abismo da tristeza.

Nas curvas sinuosas do seu ser, percorro cada cantinho como a explorar sua existência e sugar o néctar inebriante de seus lábios.

Sou as linhas da minha existência, que parou diante do ponto final, que não deixou rastros da estrada na memória, pondo fim à nossa historia, calando a voz do coração.

O silêncio fez-se presente, calou a voz um dia estrondosa da felicidade, de olhares sedutores, e beijos cheios de sabores.

E com as lágrimas sentidas no abismo da tristeza, com o coração sangrando, a alma enegrecida, coloquei uma reticência na linda da vida, enchendo de esperança o coração endurecido, deixando cair a couraça envelhecida e carcomida pelo tempo, dando continuidade à linha da minha vida...

LIVRO DA VIDA

Escrevo meu livro juntando minhas alegrias e decepções nesse livro chamado "Vida". Deixei algumas páginas em branco, outras ficaram manchadas com as lágrimas que escorreram na minha face.

Momentos de amor incondicional vivi quando olhei pela primeira vez o rostinho frágil da filha amada.

Escrito com caneta que não se apaga, fui colocando na alma que afaga o sorriso largo. Coloquei minha pequenice diante das tolices que sofri.

Agigantei-me nas dificuldades, lamentável tristeza que a vida reserva, e sigo agora a passos lentos, bem diferentes dos de outrora, mas firmes e confiantes.

Perdi a pressa para escrever neste livro ainda sem fim, em que deixarei tudo a par de mim para o julgamento final.

Escrevi tristezas que achava ser o fim, perdidas hoje dentro de mim. Incontáveis alegrias carrego nos olhos, que olham para o horizonte na esperança de um dia escrever sobre um amor sem fim.

MADRUGADA

Madrugada fria sem você para me aquecer. Aqui, sozinha com meus pensamentos, começo a (re)lembrar momentos de amor que vivemos.

Seu rosto nítido em meu pensamento, seu lindo sorriso, seus olhos brilhantes, carinhos trocados, segredinho guardado, brincadeira de amigos, cúmplices, amantes.

Queria que tudo voltasse a ser como antes, felicidade de amantes, coração pulsante, ainda vejo seus olhos brilhando, sorrindo como se fôssemos os únicos amantes do universo.

Nessa madrugada fria, eu aqui parada no tempo, apenas com nossas lembranças, pensando: por que você demora tanto? Como se, por encanto, você fosse desaparecer. Por que você não volta logo para poder comigo viver?

Também você sente o frio da madrugada, procura na mente talvez a imagem já apagada, o sorriso encantado de eternos namorados.

Por onde anda que somente vejo você na lembrança?

Eu aqui aguardo dias, noites e madrugadas a fio.

Anseio ser beijada, viver todo o nosso amor.

Não demore, siga os rastros deixados para poder voltar, traga consigo seu sorriso, seu amor.

Madrugada fria que esfria a alma, transformar em gelo o coração que por você espera e se desespera.

Não espere que eu esqueça seu rosto e que você morra em meu coração solitário.

MÃE
Para minha mãe, Eunice Lima Domingues

Olhando as flores do jardim da vida, encontrei a minha preferida, a mais linda por Deus escolhida. Em teu ventre abençoado, Deus concedeu a graça de eu ser gerada, e por ti fui abençoada.

És mulher, filha, mãe, amiga, amada por mim e por Deus encantada. Lembro-me de, ainda criança, correr para o teu colo, com os joelhos ralados, e teu beijo era como um santo remédio. Tudo se tornava passado.

Meu amor por ti é incondicional, sem medida, sem igual. Cuidaste de tuas filhas como joias raras, caras, inigualáveis.

Trabalhaste duro, até tarde, para presentear-nos talvez com o impossível. Noites acordada velando tuas filhas amadas, lágrimas derramadas, mãos estendidas a Deus pedindo a graça, que sempre foi alcançada.

Amo a senhora, meu maior tesouro, ouro puro, rainha encantada, mãe por Deus abençoada, hoje a caminhar com teus passos lentos, a cabeça branca, trazendo na face os sulcos profundos da vida.

Teu caminhar, mesmo lento, conserva a graça da mocidade. Teu sorriso lindo é um alento, teus olhos vivos e brilhantes demonstram toda a tua alegria de viver.

Mãe querida, não poderei jamais nessa vida agradecer por ter nascido de ti. Em minhas orações, de joelhos, peço a Deus que te proteja, que contigo sempre esteja.

Hoje, minha mãe guarda em seu coração lembranças que a fazem sorrir e muitas vezes chorar.

Mãe, sei que tenho muitas vezes sido ausente, muitas vezes impertinente, magoando teu coração. Perdão, mãezinha querida, mas quero que saiba que, nessa vida, amor maior não tenho, não.

Amo-te com todo o meu coração. És minha alegria, minha canção que canto com emoção.

Sua bênção, mãe querida.

MENINA MULHER

Menina faceira que anda descalça na areia segue suave, sorridente, feliz a cantar.

Menina mulher parece sereia, leva no peito amores escondidos, proibidos, que a fazem sonhar.

Tem a leveza da menina displicente, que não sabe o que vem à frente, mas balança os cabelos ao vento sorridente, andando descalça sobre a areia quente.

Menina mulher, com seu rosto de adulta, preocupações ocultas, ainda carrega o olhar de menina peralta, que a todos exalta com seu caminhar.

Menina mulher...

MEU BEM-QUERER

Minha doce e amarga lembrança, vulto que me fascina e não sai da memória, encanta e domina, acende a flama do meu ser e me faz enlouquecer.
Meu bem-querer,
...minha solidão aumenta a cada dia sem a sua presença.
Meu olhar tornou-se triste, minha voz não existe, o sorriso se apagou.
Meu bem-querer,
...meu encanto é você, meu mundo é o seu, meu coração pertence a você.
Meu bem-querer,
...que me ensinou a amar, me deixou chorando, não me ensinou a esquecer, somente a sonhar em vê-lo novamente.
Minha vida é você.

MEU CORAÇÃO

...não é feito de pedra, não é de gelo.
    Meu coração é feito de amor, alegrias, tristezas e recordações.
    Ele sofre quando sente o desprezo e a maldade da humanidade.
    Meu coração sorri e se derrete todo quando sente um carinho, um afago, um olhar malicioso.
    Tenho um coração lindo e abençoado, cheio de amor, que desperta feliz ao sentir o cheiro de flor.
    Meu coração não é feito de pedra, não é feito de gelo.
    Meu coração grita alto por amor, felicidade, paz. Quer repousar em plumas e nas nuvens ficar batendo, algumas vezes apressado, outras vezes lento, quase sempre descompassado, escutando todo barulho, sentindo todo alee outras, vivendo todas as emoções, guardando todas as ilusões.
    Meu coração não é feito de pedra, não é feito de gelo.

MEU POEMA DE AMOR

O mais lindo e sublime poema de amor é aquele que nasce dentro, enraizado na alma, aflorando no coração.

Sentimentos misturados, mistérios desvendados, sonhos realizados.

Meu poema de amor traz arraigada a doce ilusão de ótica de uma vida às vezes caótica e outras vezes iluminada por um sol ardente, imponente, lua brilhante, marcante.

Amor é o abrigo dos corações sinceros, da alma leve, do sorriso lépido e fagueiro. Meu amor é real, como a vida escolhida, plantada e regada com carinho.

Lágrimas derramadas muitas vezes, sorrisos, olhares e alegrias vividas ao lado do amor escolhido.

O amor é o que move minha vida, refletida e sentida somente nos corações apaixonados, aqueles que sabem que amar é dádiva, privilégio de poucos nesse mundo tão louco.

Meu poema de amor é você, vida.

MEUS OLHOS

Meus olhos procuram, incansáveis, o seu rosto, em todos os que passam. Estão atentos, querendo encontrá-lo, nem que seja por um segundo.

Meus olhos, sem brilho, cheios de lágrimas de saudade e tristeza, não conseguem enxergar mais ninguém senão você.

Sua face está fixa em minhas pupilas, seu cheiro impregnado em meu corpo que anseia pelos seus carinhos, seus toques.

Meus olhos se fecharam para o mundo lá fora sem você. O coração está apertado, pequeno, insano, à sua espera. Meu rosto transparece a angústia e a dor da ausência, o silêncio destruidor me deixa sem forças.

Como eu queria vê-lo outra vez, ouvir sua voz, sentir sua alegria contagiante em minha vida.

Como eu queria que meus olhos voltassem a brilhar e meus lábios a sorrir, balbuciando palavras de amor em seu ouvido.

Como eu queria voltar a viver.

MINHA INSPIRAÇÃO
Para minha filha Ana Carolina

É você quem me faz transbordar de alegria, que está comigo todo dia, que enfeita a minha vida.

Minha inspiração é você, que nasceu do meu ventre, que veio comigo viver. Deus me concedeu a graça de ter você, confiou a mim um anjo para eu cuidar, amar e educar.

Minha inspiração é você, filha por mim amada, desejada. Meu mundo floriu quando você sorriu.

Todas as dores, todas as tristezas desaparecem.

Quando vejo você – que a cada dia cresce linda, perfeita, quietinha, calada, pois é seu jeito, minha amada –, faço cócegas, beijo sua face macia, abro seu sorriso mesmo sem você querer.

Minha inspiração é você, que com seu amor e carinho me faz esquecer rapidinho toda tristeza do meu ser, o cansaço do meu dia, os problemas a resolver.

Minha inspiração é você.

MINHAS PÁGINAS

Folheando as páginas do meu ser, encontrei muitas linhas mal escritas, outras incompletas e várias em branco.

Algumas bem amareladas pelo tempo e manchadas com gotas de lágrimas que certamente caíram dos meus olhos tristonhos quando escrevia.

Passando por cada página com a alma aflita e os olhos atentos procurando um pequeno sinal da minha história que deixei perdida em algum lugar.

Páginas já envelhecidas guardam todas as minhas alegrias contidas e arraigadas na alma que, em noites escuras e frias, sai à procura de uma luz que a faça voltar e repousar serena.

Relendo as linhas escritas nas folhas manchadas por lágrimas sentidas e tristes, voltei ao passado relembrando minúcias que estavam adormecidas.

Deixei cair gotas saudosas vindas do fundo do meu eu, que ao tocar a página fizeram um borrão apagando alguma lembrança.

Fechei os olhos e voltei a sonhar para quando voltar à realidade, eu escrever novas linhas nas páginas da saudade.

E, um dia, quando a alma triste ansiar por alento, eu poder voltar e ler as linhas escritas na página da minha vida com amor, tristeza e também contentamento.

MÚSICA DA VIDA

Valsa dançada, na leveza dos pés da felicidade, cantada e sentida no fundo da alma, trazendo o sonho da adolescência, a valsa dos quinze anos, dançando os encantos da vida.

Música em todos os ritmos, descrevendo os sabores e dissabores do cotidiano: eu continuo dançando, rodopiando, sorrindo, às vezes chorando.

Ouvindo as músicas do mundo, do fundo do coração, da emoção, deixo-me voar nas asas da ilusão.

Música de lembranças, cantada sem acalento, desalento, prisão, liberdade de expressão de vida, seguida de refrão.

Músicas diversas, tango, rock, ritmo romântico, frenético – assim como nos dias vividos nos quais o baile ainda não acabou e a vida não findou.

Música que aquece meu coração, minha alma, minha solidão, minha vida em música ao som do violão.

Faço feliz meu refrão, canto alegremente as coisas que conquistei, canto os tropeços, levanto do chão cantando mais alto meu cantar.

Canto o amor que conheci, o que perdi, o que ofertei e recebi da vida, das pessoas que conheci.

Música da minha vida, valsa dançada com os pés da felicidade, com olhos de amor, coração de mãe, alma branca, branda, leve.

Música da vida vivida.

NÃO ME FIZ

...triste com sua partida, pois você me fez feliz com sua presença.

Não me fiz angustiada longe de você, pois tive noites inesquecíveis em seus braços.

Não me fiz esquecida em sua mente, pois vivemos momentos únicos, que não saíram da memória.

Não me fiz lágrimas com sua ausência, pois fui risos de amor ao seu lado, doce beijo de seus lábios, sentimentos inexplicáveis em seus toques.

Não me fiz invisível sem você, pois me transformei em partículas de amor espalhadas pelo vento, alcançando a alma e os corações apaixonados.

Não me fiz morta, pois me faço viva na vida de amor que renasce a todo instante.

NÃO ME PEÇA

...para amar pouco, nem hipocrisia no amor oferecido, sentido e entregue a você.

Não me peça para não sentir a explosão dos corpos, os toques, sabores e odores do amor feito com calma, com minúcia, que extrai todo prazer causado pelo desejo saciado.

Não me peça para não chorar sua partida, depois de tanta emoção sentida, quando chegar o amanhecer. Como deixar de sentir saudade da noite em que juntos exploramos toda a essência do amor, todas as delícias, até os corpos ficarem caídos, exaustos de prazer e a alma leve a flutuar nas nuvens, acordando preguiçosamente com o raiar do dia.

Não me peça para não guardar as lembranças de nossas aventuras, desventuras, alegrias e amarguras. Deixarei toda a nossa caminhada guardada em um lugar seguro dentro do meu Eu e, quando a saudade apertar, ela virá nos buscar, no fundo da alma, e beberá o néctar da felicidade da deliciosa lembrança que é minha, sua, nossa.

NATAL

E ele chegou...
Com suas tradições e canções
Árvores deslumbrantes, recheadas de presentes.
E ele chegou...
Nasceu em uma estrebaria, sem árvore enfeitada, sem cama arrumada.

O menino JESUS, filho da simples Maria por Deus escolhida, veio para aumentar nossa fé.

Uma estrela brilhou no céu escuro e tristonho, anunciando o nascimento do sonho, a chegada do filho de DEUS, "JESUS NOSSO SENHOR".

Natal, confraternização, sorrisos em volta aos presentes caros, muitas vezes raros. Mas em muitos lares e corações, JESUS está ausente.

Falta o amor por irmãos, que não tem um pedaço de pão.

Falta o espírito natalino, não só no dia comemorado, mas por toda vida.

Olhar para seu semelhante que vive na rua tendo somente a lua a lhe servir de teto, abraçar a criança que chora, com seu olhar inocente implora para Papai Noel lhe trazer a comida que falta na mesa, água para matar sua sede.

Menino JESUS nasceu, e na cruz morreu para salvar os pecados seu e meu.

FELIZ NATAL!

NO APAGAR DAS LUZES

...saí de cena do espetáculo da vida cotidiana. Adentrei o mundo do meu Eu, revivi momentos inesquecíveis, relembrei pessoas e lugares mágicos.

No apagar das luzes, no cantinho mais escuro do meu ser, acendi a vela da esperança: espreitei com grande confiança um novo amanhecer.

Deixei cair as últimas lágrimas de saudade, fechei os olhos e transportei-me nas asas da ilusão a lugares longínquos de imensa alegria.

Caminhei até o amanhã, passei por terras estranhas, mergulhei em águas profundas e límpidas e deixei a couraça da amargura.

Retornei para a aventura de viver o meu Eu em mim.

NO MEIO DO NADA

No vazio da vida, quando a esperança estava perdida, o coração despido de amor, a alma cheia de dor.

No meio do nada,

...caminhando a esmo, com o olhar perdido, encontrei você, que esbarrou no meu silêncio, penetrou em mim e arrancou uma erva daninha chamada solidão.

No meio do nada,

...encontrei meu tudo, meu mundo colorido, de afagos e sorrisos, de amor e alegria.

Quando me deixei cair no abismo mais angustiante de um ser, você surgiu do nada, sem nada exigir, sem nada dizer, e transformou meu desespero em calmaria, trouxe-me esperança e alegria.

Enxugou minhas lágrimas e plantou em meu coração a semente da nova vida nascida do seu olhar.

No meio do nada,

...encontrei meu tudo: você.

NOITE VAZIA

Esperando uma palavra de carinho do amor distante, e nem mesmo me lembro do seu semblante.

Noite vazia. Solidão faz morada em meu coração. Cama fria, coração gelado, choro abafado no travesseiro. A alma a vagar na escura imensidão.

Em meio às estrelas, procuro o brilho da felicidade: aconchegante, a lua oferece seu colo e canta uma música para o coração se apaziguar. Assim adormeço, para amanhã despertar e voltar à realidade fria, vazia, solitária, sem você.

Resta apenas a certeza de que, quando a noite vier, voltarei aos braços da lua, ouvindo seu cantar, olhando a estrela brilhar, imaginando ser você.

Noite vazia, a solidão faz morada em meu coração.

NOSSOS CAMINHOS SE CRUZARAM

...nessa estrada chamada vida que nos surpreende a todo instante. Em certa curva, nossos caminhos se cruzaram, olhos nos olhos, cumprimento rápido, coração atento. Seguimos caminhando, mas sempre esperando voltar a ver nosso bem-querer.

Em outra viela, simples, singela, encontrei você. Olhei seu rosto lindo, sorrindo, querendo dizer:

– Vem comigo, minha amada, te farei princesa encantada, te amarei até o amanhecer.

Coração desgovernado, olhos arregalados, deixei-me envolver por ti.

Vivemos um amor latente, daqueles que grudam na gente para nunca mais se dissolver. Momentos únicos que não irão se desfazer.

Hoje nossos caminhos se perderam. Meu castelo, feito de areia, o vento levou, restando apenas poeira do meu castelo de amor.

Nas vielas e becos, tudo se tornou seco em razão de não mais te ver. Sem entender que tudo tem uma razão, tranquei meu coração, querendo morrer.

Nossos caminhos, que por muito tempo mudaram, hoje tornaram a viver. Encontrei-te na avenida da vida, esquina com a saudade, descuidado, passeando nas lembranças.

Voltei por outra estrada, deixei a vida pesada para trás e, em outra pessoa, a mesma coisa boa voltou a renascer, na mesma esquina do bem-querer.

Nosso caminho desfeito foi o único jeito que o destino encontrou de nos mostrar que não era amor.

O DIFÍCIL DA VIDA

...é manter-se sempre em cima da corda bamba.
Levar no âmago a ternura sempre pronta.
Sorrir mesmo com lágrimas molhando seu rosto.
O difícil da vida é correr os riscos sem se machucar.
É conseguir, mesmo ao balançar, enfrentar o abismo profundo.
O difícil da vida é conseguir agradar quem está ao seu lado.
É fazer o sagrado e árduo viver valer a pena.
Não existe borracha para apagar o passado.
Não tenho o dom de prever o futuro.
Não sei se permaneço ou se desvio do caminho.
O difícil da vida é ser você, é viver com você e por você.
O difícil da vida não é ser feliz.
O difícil da vida é não ser triste.
É guardar tudo dentro do peito,
E seguir com sorriso nos lábios,
Brilho nos olhos e a alma vagando triste
Sobre as incoerências do mundo.

O LÁPIS

Estou vazia de sentimentos, e o lápis pesa em meus dedos ao tentar escrever.

Fica tão difícil que se arrasta nas linhas, como se tentasse firmar as letras e rabiscar o papel, que espera ansioso para sentir a ponta macia do lápis, como a lhe fazer cócegas e a contar confidências.

Meus pensamentos confusos com os sentimentos endurecidos transformaram em grande peso o lápis, que se esforça para expressar tudo que está escondido no meu ser.

Às vezes, o pensamento voa para lugares longínquos e, quando chega o cansaço, deixa-se ficar em uma nuvem, espreitando o meu corpo inerte.

Quanto volta o pensamento leve e descansado a martelar o corpo esmorecido, pego o lápis desejoso de deixar seus traços no papel ainda em branco, e começo novamente a colocar os sentimentos em forma de letras.

Assim, vou deixando registrado tudo que tenho dentro do coração fragmentado em minúsculos pedaços.

Meu lápis é o amigo que tem o dom de entender o meu viver e de transcrever o que do meu ser deixo à mostra. Ele transforma a dor da alma e os estilhaços do coração em poesia, prosa e canção.

O QUE SOBROU DE MIM

...não foi muita coisa.

Sobrou pouco, mas o suficiente para me manter seguindo em frente.

Em meios aos cacos, em meio aos farrapos, sobrou vontade de viver, sobrou fé em Deus, esperança na vida que está à frente.

O que sobrou de mim não foi muita coisa, mas o suficiente. Sobrou uma força imensa, intensa, que me impulsiona para frente.

Você levou meus sonhos, meu amor, mas não minha capacidade de seguir.

Não levou minha dignidade, minha paz, minha consciência tranquila.

Levou tudo o que eu ofereci, tudo o que dei com alegria, com amor, mas não levou minha alma, minha calma.

O que sobrou de mim não foi muita coisa, mas o suficiente para o meu Eu seguir.

OLHAR SEDUTOR

Virou do avesso, deixou sem jeito, fez efeito. Senti me despir com os olhos, percorreu-me um calafrio, tremi de amor.

Corpos agarradinhos, entrelaçados, beijos, respiração ofegante. O mundo lá fora, o sol escaldante, o amor efervesce.

Carícias, sussurros, movimento, frenesi, instantes marcantes de dois corpos de amantes, com cheiros e gostos, abraços, amassos, amor.

Explosão de prazer, sentir e viver as delícias das carícias, amor presente, encantador, sem pudor.

Amar... até a exaustão, deixando transpor a emoção de fazerem-se amantes de corpos.

Olhar que seduz e conduz ao delírio, sentindo a beleza de amar, de sonhar, revirar-se do avesso e depois voltar.

Olhar sedutor que me levou ao ápice de ter você em mim.

OLHOS FECHADOS

De olhos fechados, sonho com um mundo colorido, todo florido, com perfumes variados. Vejo crianças correndo, sorrindo, brincando, felizes, sem terem com o que se preocupar.

De olhos fechados, imagino um céu estrelado, uma lua brilhante, um cavaleiro andante que veio me amar. Sinto paz, amor e alegria. Ouvindo barulhos que me parecem melodias, coloco-me a voar.

De olhos fechados, vivi tanta realidade que, se eu abrir os olhos, tudo volta a ser inverdade, mas o coração aberto consegue sentir, por certo, tudo passar à minha volta.

De olhos fechados, espero por um beijo apaixonado, um carinho aguçado, as labaredas do desejo. Pequenos vagalumes, clareando em lampejos o amor que nos une e que veio ficar.

OUTRA VEZ

Você chegou de mansinho, foi-se aconchegando, me fazendo carinho.

Outra vez, você me tocou com suavidade, irradiou meu olhar, acendeu a chama da paixão. Ficamos juntinhos, carinhos, sussurros... O delírio tomou conta do coração.

Outra vez

...amamo-nos, deixamos acontecer, o prazer se fez presente, explodiram emoções, sentimentos, cheiros, gostos.

Outra vez

...a flama se inflamou e fomos até a exaustão de prazer e felicidade. Dormimos juntinhos, espantando a saudade, renovando a euforia de outrora até o amanhecer.

Outra vez

...você foi embora, levando na sua sacola o prazer de ter-me tido em seus braços, mesmo que tenha sido só um abraço da despedida de um amor que finda.

OUVI DIZER

...no canto de um passarinho que um novo dia iria nascer, que o temporal acabara e a brisa faria a Aurora brotar e encher o vazio de amor: os raios do sol chegaram para aquecer o coração que padecia de frio.

Ouvi dizer

...que a menina que chorou trazendo na alma trevas da saudade e no coração sangue de mágoas e tristeza, despertou com o cantar alegre do pássaro, ouvindo bem baixinho seu clamor pela vida, voando entre as flores, levando a elas sua maestria matinal.

Ouvi dizer

...que a menina voltou o olhar para seu ser e sorriu novamente, como se acabasse de nascer. Deixou de ser tristonha e chorosa: floresce agora entre as rosas a cada alvorecer e repousa nas asas do vento, caminhando para onde a leva o pensamento, esperando seu amor aparecer.

PEDAÇO DE MIM

Sou uma colcha de retalhos, feita de pedaços coloridos: cada um tem uma história, uma trajetória.

Você faz parte da minha colcha, e traz para ela as cores mais vibrantes. Depois de um longo e enfático dia, ver seu sorriso me faz repousar em águas claras e tranquilas, e adormecer em seus braços sentindo seu perfume, aninhar-me em seu colo, deixar meu corpo sentir seus toques de carinhos e as delícias que eles provocam.

Amanhecer radiante, abrir os olhos e ver seu semblante sorridente a me dizer "Bom dia".

Você é um pedaço de mim que, se for arrancado, irá me deformar por falta de amor. Eu sou seu avesso, que deixo sem jeito quando o toco.

Transformo você em uma grande fogueira com altas labaredas. Nosso amor é fogo ardente que o vento não apaga, quanto mais forte sopra, mais inflama a chama.

Somos partes da mesma colcha com nossos pedaços: bons, ruins, mas costurados, unidos. Um não pode se alinhavar sozinho. Os pontos são firmes para a colcha não rasgar.

Você é um pedaço de mim.

Eu sou um pedaço de você.

Juntos, somos amor sem juízo, sem razão, apenas cama e coração.

PERDI-ME

...de mim mesma. Fiquei sem chão e sem sol quando mais precisava me encontrar.

Procurei quem fui e quem sou em todos os lugares, esquinas e bares sem me abalroar.

Perdi-me

...quando me deixei, para viver a vida de alguém que eu achava precisar de mim.

Quando esqueci que eu era mais importante que os outros, que eu precisava também de mim, para mim.

Perdi-me

...quando deixei de me procurar no fundo da alma, quando esqueci minha própria existência, a essência, a beleza do meu ser.

Quando amei mais os outros do que eu mesma, deixei meu coração de lado, meus sentimentos, e vivi para outros, pelos outros e com os outros.

Perdi-me

...quando tentei me encontrar.

POETA E POESIA
Homenagem ao Dia dos Poetas

Vêm da alma, do coração, os sentimentos que temos.

O poeta vive todas as emoções: escreve e descreve alegrias, tristezas, aventuras e desventuras.

Vive a verdade dos fatos, vive o inverossímil dos sonhos, alegra e encanta quem lê e faz nascer amor em quem vê, com olhos de águia, a essência de quem escreveu.

Em seus escritos, o poeta e a poetisa realizam os sonhos, sem se ressentir com quem não compartilha com eles a existência da escrita, em verso, prosa ou canção.

Hoje é Dia do Poeta e da Poetisa. Deixo aqui, nestas breves linhas, a alegria da magia de escrever e encantar quem amam a leitura.

Seja verso, prosa, rima ou literatura de cordel, tudo cabe no papel da vida.

Sou poetisa do amor.

QUEM SOU EU?

Sou aquela que acolhe com a alma, que sorri com os olhos, que tem um coração na palma da mão.

Sou aquela que esconde a tristeza, que procura a beleza em todo lugar, carregando um amor grandioso, muitas vezes odioso, por tanto me doar.

Sou aquela que, mesmo no escuro, procura, à luz de vela, um motivo para sonhar. Às vezes, frágil, às vezes, forte, grande e pequena, sou humilde, arrogante, eu sou gente, sou humana.

Sou alegria na dor, risos sem cor, olhar sem brilho.

Coração em dor que quer desabrochar em flor.

Sou RENY LIMA, poetisa do amor.

QUERO COLO

Quero sentar nas asas do vento, esconder-me em meu pensamento e aconchegar-me no colo de Deus.

Quero, no escuro da noite, sentir um afago no brilho das estrelas. Sentar no chão, deixar chorar o coração, limpar a alma com lágrimas escondidas.

Quero me aquecer com o calor do sol, agasalhar-me no colo do amor, viver sem sentir a dor no peito.

Quero, como criança, abrir os braços com esperança, e sorrir sem desconfiança.

Quero ter um colo...

...macio para descansar meu corpo, repousar minha alma, afago nos cabelos sem pressa, sem fresta, sem arestas de tristezas.

RASCUNHO

Rabisquei no papel as linhas imaginárias do meu pensamento, tentando descrever meu sentimento, rascunhando os traços do coração.

Mas só encontrei seu rosto no meu rascunho, lá no fundo, como uma aparição. Tentei rabiscar com lápis o contorno da rua da vida, e lá encontrei lágrimas perdidas, amor sem solução.

Rascunhei seu sorriso e encontrei a felicidade escondida em minha pequenice, distribuindo meiguice.

Ao rascunhar meu rosto, encontrei a esperança do amor renascido. Reinventado.

Tentei desenhar a luz do meu sorriso, o brilho do meu olhar, e encontrei você a me amar, e a falar com uma voz muda que eu não compreendia.

Tentei desenhar minha alma, e você penetrou a minha vida.

Rascunhei-a e nela só encontrei você.

RENASCER

Joguei ao vento todas as tristezas.

Lavei a alma com minhas últimas lágrimas, deixando o vento levá-las, mas não para alguém encontrar... Não quero ver ninguém se amargurar.

Joguei ao vento tudo o que me faz mal, tudo o que fere, que me empobrece a alma.

Lavei, com as últimas lágrimas, toda dor e mágoa, e deixei a paz entrar.

Abri o coração ao perdão, (re)inventei-me, enchendo-me de força e fé, sentindo a vida reintegrada.

Inovar a vida, esquecer a vivida, curar a ferida, viver.

Nascer a cada dia quando o sol me trouxer com alegria um "Bom dia".

Dormir à luz da lua, despindo-me de toda cruz e amargura. Reviver, sonhar, amar. (Res)surgir das cinzas como uma Fênix.

Quero coisas boas, leveza na alma, viver com brandura, realizar sonhos, prosseguir por novos caminhos, conhecer novos amores, acordar para um novo dia, sentir o afago do vento, como uma gaivota a voar.

Hoje (re)nasci das cinzas do passado, pisado e esmagado.

Tenho vontade de viver.

Hoje me (re)inventei. (Re)nasci.

RENASCER DO AMOR

Vazia de sentimento, caminhei por vales sombrios e me perdi no tempo escuro da vida sem me dar conta do mundo à minha volta.

Vaguei perdida nos caminhos desconhecidos da alma, e o coração endurecido, sofrido sangrava com a destruição do meu ser.

Cansada, triste, magoada e sem sentimentos prostrei-me na terra árida da solidão e como farrapo vagando na imensidão do meu eu, julgando a vida terminada.

Já sem esperança, avistei um pequeno ponto luminoso que me chamou a atenção.

Você com seu jeitinho meigo, sorriso maroto e olhos brilhantes foi chegando de mansinho e com suas palavras doces me fez um carinho.

Eu que vazia de sentimentos estava tive medo do carinho que me dava e tentei fugir para dentro da minha escuridão.

Você com sua artimanha se fez presente em minhas entranhas, me devolveu o sorriso há muito perdido, o brilho apagado do meu ser, para a vida voltar a florescer.

Com calma e paciência, você me deu nova existência, me fez curar as feridas, despiu-me da tristeza e em sorrisos desabrochei.

Com você, senti o amor renascer, acordei para a vida do bem--querer, por você despertei para a alegria de viver.

Com você, renasci do amor que você me ofertou.

RESILIÊNCIA

...na vida construída, às vezes, perdida, sempre sentida na alma, muitas vezes ferida, mutilada, mas, com força, restaurada, engrandecida, envaidecida.

Resiliência do corpo, mutante em suas variações fecundas durante as intempéries que deformam o coração, a alma, a calma, a palavra difundida, descrita, chorada, sentida.

Resiliência na vida, cabeça sempre erguida, alma elevada, coração puro, o mundo girando e, eu, no centro do redemoinho, cantando, rodopiando, amando.

Resiliência...

RESSURGIR

...das cinzas, como Fênix, sem me deixar abalar. Renascer do nada e permanecer no tudo.

Criar asas e voar alto, desprender do que não faz sentido: um amor esquecido exalado que fere, magoa, maltrata.

Deixar tudo para trás com um voo alto, alcançar o céu, ficar sentada nas nuvens de algodão.

Sentir (re)nascer o coração, o amor brotar no terreno árido, feito de cascalhos espalhados ao chão.

Voar, renascer, Fênix ser, crescer e viver.

Parar de olhar para trás, deixar tudo o que não me faz melhor, voar livre, solta, pousar no coração do merecedor do meu amor.

Colocar flor, colorir sorrir, perfumar a alma, semblante calmo, sereno, cheio de luz e paz.

(Re)nascer, voltar a viver.

Sou a Fênix que das cinzas ressurgiu.

RIOMAR
(Rio ou mar)

Águas que se misturam, água doce do rio, água salgada do mar.

Assim é a vida, um dia doce, outro, salgada. Dias que se fundem e que confundem quem tenta desvendá-los. Confunde a alegria com tristeza, em mistério, meu Riomar. Seus encantos se misturam com as angústias e tristezas da minha vida, com o escuro da noite e com a luz da beleza do dia.

Traz águas tranquilas e doces do rio, afoga-me nas águas revoltas do mar.

É minha noite escura de tristeza e flagelos, meu dia de alegria, meu barco à vela.

Riomar me confunde e me envolve, faz-me navegar em altos e baixos da vida a sonhar. É meu porto seguro, meu barco à deriva no mar.

É água salgada do mar difícil de banhar, é água doce do rio gostosa de ficar.

É a água doce do rio que faz ter esperança ao trazer lindas lembranças; é a água salgada do mar nas minhas entranhas.

Riomar, é por ti que vivo a sonhar.

SAUDADE DA VIDA

Sinto saudade da vida vivida, corrida, momentos intensos, felizes.

Passado que marcou, presente que traz lembranças boas, gostosas, vida que corre e transcorre como água limpa de um rio, que, às vezes, escorre entre os dedos das mãos.

Saudade da infância, da adolescência, dos amores juvenis, da falta de compromissos importantes, dos dramas criados pela inocência. Saudade do que foi um dia a vida passada, vivida e cantada em verso e prosa.

Ah, saudade, o que seria da humanidade se você não existisse?

Sinto saudades daquela rosa amarela, tão formosa e singela que um dia recebi. Saudade dos perfumes das mãos carinhosas, do sorriso sincero.

Ah, saudade! O que seria da humanidade se você não existisse.

SAUDADE DE MIM

Hoje acordei com saudade de mim, olhei-me no espelho e não reconheci o que vi.

Semblante triste, olhar apagado, sorriso amarelo, voltei-me para minha alma, procurando, com paciência, onde foi que me perdi.

Retirei lembranças, olhei antigos amores, encontrei tristezas perdidas, soltas dentro das alegrias da vida.

Hoje acordei com saudade de mim, do sorriso aberto, olhos espertos, alegria sem fim, de caminhar sem destino, como se fosse menina, descalça, correndo campo afora, atrás das borboletas coloridas.

Acordei com saudade de mim, em frente ao espelho, (re)vivi momentos mágicos que deixei morrer sem perceber.

Estarrecida com minha fisionomia no espelho, joguei a saudade fora, voltei a me amar sem medida, coloquei rosa amarela e fita nos cabelos, corri nos campos, encantei a vida, me encontrei vivida.

A felicidade veio fazer morada em minha alma já cansada das correntes do passado.

Hoje voltei a viver, meu sorriso (re)viver nessa estrada, com flores, perfeito sol, de amor, vim florescer.

SER MULHER

...é ser eternamente criança, cheia de esperança, única. É ter o dom de carregar outro ser em seu ventre, amando as malformações que lhe foram causadas.

Ter o infinito e indescritível prazer de amamentar seu filho amado, com tanto amor esperado e em seu ventre gerado.

Ser mulher é carregar os sonhos na alma, o peso da vida nos ombros, o amor – muitas vezes sem valor – no coração.

Ser mulher é ser filha, esposa, mãe, amiga, amante, carregando no semblante os sulcos profundos deixados pelos anos. Mesmo assim, continuar com o olhar doce da juventude, o coração aberto às esperanças, o sorriso amável de uma criança.

Ser mulher é sorrir com lágrimas em todos os momentos, é ser frágil, pequena, simples, ser grande e complexa, forte sempre, carregando o infinito amor de Deus por sua criação.

A mulher é o único ser capaz de viver todas as vidas que lhe forem impostas e carregar nas costas o doce fardo de amar, incondicionalmente.

Ser mulher é ser várias numa só.

SILÊNCIO DA ALMA

Em silêncio, quietinha, minha alma vaga pelos terrenos áridos e sombrios dos meus pensamentos, procurando um sopro de coragem para encher os pulmões com o oxigênio da alegria de vida. Quero enfrentar os tormentos causados por esse silêncio profundo.

Na penumbra, minha alma procura respostas para todas as amarguras, passadas ou futuras, atentando para cada espaço, querendo encontrar um fio de esperança nas curvas sem fim da angústia.

Em silêncio, minha alma interfere no meu modo de pensar, faz-me mudar de rumo, permanecer firme. Enquanto ela se desdobra e recobra a existência, sigo no mais profundo do meu coração, guardando a recordação da mais pura solidão.

Tornei-me estranha de mim mesma, percorri estradas solitárias, frias e escuras e, quando a chuva molhava meu corpo cansado das tormentas, deixava-me ficar inerte no chão.

Em silêncio, descobri o melhor em mim. Quanta paz e alegria fazem minha alma repousar tranquila nos verdes campos, que há muito deixei perdidos dentro do meu Eu.

Descobri meu próprio ser dentro do corpo, da alma, um fio de luz que me traz relâmpagos de vida e esperança no silêncio da essência de minha alma.

Dentro do corpo, a alma que chora em silêncio vai prosseguindo observando, aprendendo, chorando, sorrindo, pedindo perdão.

Em silêncio, minha alma chora.

UM AMOR DE INFÂNCIA

Um amor de infância puro, verdadeiro. Crianças felizes que corriam, brincavam e, em sua inocência, se amavam – não como os adultos, mas com verdade. O céu sempre azul, as estrelas com maior brilho e a lua como testemunha desse conto de fadas vivido sem preocupação e malícia.

Amor de criança, concreto, verdadeiro, puro, inocente, que traz o sonho da eternidade.

Quis o destino que se encontrassem quando ainda eram dóceis. As coincidências eram muitas: mesma idade, aniversário um dia após o outro; livres, felizes, descobrindo-se, mãos juntas firmes, beijos furtivos, brincadeiras.

Foi passando o tempo; outra vez quis o destino, por causas inexplicáveis e incompreensíveis, que fossem separados brutalmente, arrancados um do outro, sem piedade, sem explicação.

Sofrimento, lágrimas, tristeza e mágoas ficaram.

Ela presa, trancada, enviada para uma cidade do interior.

Ninguém pensou neles, no grande desespero que sentiam.

Ele, por anos, vivia a tentativa desesperada de encontrá-la, sem de nada saber...

Cartas, muitas cartas ela escreveu, mas seu amado nunca as recebeu, pois foram interceptadas pela maldade.

Anos se passaram, esperança perdida, coração frio, triste...

Caminhos foram trocados. As fisionomias mudaram, mas não os sentimentos.

Trinta anos depois, um reencontro: a descoberta de que o amor não morreu, como se o tempo nunca tivesse passado...

Mas o destino é traiçoeiro, e mais uma vez pregou uma peça. Ele, o amado, já casado, era pai e esposo; ela, triste, continuou seu caminho, esperando o que Deus a ela reservaria.

UTILIDADE

...das pessoas tem um limite marcado, prensado, decretado. Elas são úteis, enquanto o outro tem interesse por elas ou delas sentem necessidade.

Seres humanos não são descartáveis. Eles não podem ser usados e jogados fora. São alma e coração.

Vejo anciões e anciãs postos de lado, esquecidos, com o coração magoado e ferido. Vejo crianças sem perspectivas, massacradas, execradas, deixadas sem vida.

Amor ao próximo, respeito e dignidade estão em extinção. A utilidade deveria ser algo que não fica apenas no passado, lembrando o que alguém foi e fez, sabendo que, mesmo mais velho, cansado, com passos lentos, o ancião merece respeito.

Palavras simples como Obrigada, Por favor, Com licença, Desculpe-me, tornaram-se ultrapassadas, caíram em desuso.

Quero ser útil sempre, quero ser amável, quero ser amada, quero respeito mútuo.

Quero minha utilidade.

VAZIA DE SENTIMENTOS

Estou vazia de sentimentos, oca de pensamentos.
Abri a janela da minha alma, abri a porta dos sentimentos.
Deixei tudo sair com o vento, fiquei desabitada de maus agouros.
Subi no pináculo do meu ser e olhei para dentro, bem no fundo.
Senti meu coração bater mais forte, cheio de esperança e entusiasmo, aguardando seu novo morador.

O cheiro de tristeza e o bolor de mágoa acabaram, deixando marcas profundas pesando a alma que andava esmorecida, cansada da vida.

Estou vazia de sentimentos, oca de pensamentos. Abri a janela da alma, abri a porta dos sentimentos.

Quebrei as correntes ora arrastadas fazendo ruídos fantasmagóricos dentro de mim. Rasguei a pele cansada, permiti que tudo de ruim saísse, voasse e se dissipasse com o vento.

Renunciei a tristeza, abri-me para as belezas, as delicadezas de Deus que eu não havia percebido, tinha esquecido.

Viajei nas nuvens de algodão, pousei meu corpo na areia da praia; sonhei com a nova e doce existência que adentrava ocupando as lacunas, acabando com a escuridão, acendendo a vela da felicidade.

Passeio por campos floridos, sentindo o perfume das flores, sugando néctar variado, esperando os espaços serem preenchidos com novas peculiaridades de cunho inabalável.

VENTANIA

Ventania que passou, levou toda a tristeza que existia,
Apenas o vazio ficou.
Ventania carregou a carga que em mim pesava, machucava,
E deixou um espaço para ser preenchido com amor.
Brisa leve que sopra, vem,
Traga um amor sem demora para pre(encher)
O vazio que se faz agora.
Ventania que passou, espalhou tudo no ar,
Carregou o que não merecia ficar.
As folhas espalhadas no chão,
As árvores também as deixaram, esperando renovação.
Assim aguardo, no sopro da nova brisa, um novo amor,
Uma nova vida, um novo Eu.
Ventania levou fazendo uma grande poeira.
Deixou nas águas do rio toda a angústia e solidão.
Brisa leve que agora sopra, faz alegre meu coração.
Brisa leve que sopra agora, que refresca a memória,
Refrigera a emoção.
Traga logo, sem demora, um amor para meu coração.

VIDA E MORTE

Vida e morte, que mistério existe nessas duas...

A vida tentando decifrar a morte, sem sorte, quando menos espera vem o corte. Passamos a vida buscando algo que, muitas vezes, não sabemos o que é, como é.

Com frequência esquecemos o que procuramos, perdemos o rumo, ficamos sem prumo.

Deixamos a vida passar sem perceber que, em nossa essência, vem toda a descoberta, encoberta, incerta.

Alguns (re)nascem depois da morte em vida, esquecida, sofrida...

Outros vivem como se não houvesse morte, sem corte, sem sorte.

Deus nos ampara, guia, conforta...

Livre arbítrio – temos, mas não sabemos usar, nem diante da vida, nem diante da morte...

VIDA QUE SEGUE

Momentos de amor com você, felicidades...
Amar a vida é a mais linda passagem.
Viver, seguir o caminho das flores,
Desviando dos espinhos, sentindo perfume que exala.
Rosas amarelas, vermelhas, brancas...
Amor que deslancha, alavanca que move a vida.
Vida que segue, que rega a alma, que (re)vive, (re)constrói, que dói...
Vida que segue com turbulência, na essência,
Com calmaria na curva da estrada...
Mãos entrelaçadas, caminhos traçados, amarrados...
Amor – pela vida, pela fé, pelos irmãos de alma e coração...
Vida que segue refletida nas lembranças,
Na água azul do mar, na cama de amar...
Vida que segue com lembranças, andanças, vida feroz, fugaz...
Mansa, gostosa vida de amar.

Silêncio da alma Silêncio da alma

Silêncio da alma Silêncio da alma

Acabou-se de imprimir
Silêncio da alma,
em 30 de junho de 2018,
na cidade de Cotia,
nas oficinas da MetaBrasil,
especialmente para Ibis Libris.